VUE GÉNÉRALE DE MANILLE.

LES ESPAGNOLS AUX PHILIPPINES

I

L'archipel des Philippines se compose d'un nombre considérable d'îles, grandes ou petites (quelques géographes disent un millier, et d'autres mille deux cents), dont la plus importante est Luçon, un diamant trouvé, au commencement du seizième siècle, dans l'océan Pacifique par les aventuriers au service de l'Espagne et resté b·ut dans les mains de celle-ci. Ce fut Magellan qui, le premier, après avoir découvert les Ladrones (Mariannes), aperçut, en cinglant encore plus à l'ouest, cet autre groupe, le jour de la fête de Saint-Lazare (10 mars 1521) et lui donna d'abord ce nom. Il atterrit à Mindanao, dont il prit possession en y plantant un padrão (1), se dirigea de là vers le nord et aborda dans l'île de Cébu, où il fut accueilli amicalement. Débarqué ensuite sur la petite île de Mactan, il y fut massacré avec presque tous ses compagnons.

Charles-Quint et Philippe II employèrent tous leurs efforts pour faire des Philippines (2) la base de leurs opérations navales dans l'archipel asiatique contre le Portugal, à qui ils disputaient la possession des îles

(1) Se prononce *padran*. On désigne ainsi une croix de pierre portant la date de la découverte, le nom du découvreur et celui du roi au nom duquel il prenait possession de la « Terre nouvelle ». — Voir *Bibliothèque illustrée des Voyages autour du monde*, n° 29 ; *Vasco da Gama*, par CASTONNET DES FOSSES.

(2) Villalobos donna aux îles Saint-Lazare le nom de Philippines, en l'honneur du roi régnant Philippe II.

des Epices (Moluques) en interprétant à coups d'arquebuse les bulles des papes Alexandre VI et Jules II (1). Pendant plus de quarante ans la fortune fut contraire aux Espagnols. Juan de Serrano, qui commandait le *Santiago*, une des cinq caravelles parties de San Lucar sous les ordres de Magellan, périt également dans un guet-apens à Cébu. Des 236 hommes de l'expédition on n'en revit dans le Guadalquivir que 11, à bord de la *Victoria*, le seul des navires échappé à la destruction. Une seconde flottille espagnole, envoyée en 1524 dans le Pacifique, y fut la proie des tempêtes. Une quatrième eut le même sort en 1528; une cinquième fut anéantie en 1543 par une série de désastres.

Cependant ces échecs répétés ne désarmèrent pas la constance de la cour de Madrid. En novembre 1564, une sixième petite escadre quitta le port de la Nativité, sous le commandement de Lopez de Legazpi. Elle ne comprenait que deux navires qui mouillèrent successivement à Tandaya, à Abuyo, à Bohol et à Cébu. Là on bâtit un fort, et ce premier établissement permit d'entrer en relation avec les insulaires.

Grâce à la supériorité de leurs armes, les Espagnols, quoiqu'ils ne fussent qu'une poignée d'hommes audacieux, purent s'emparer des îles environnant Cébu. Cinq ans se passèrent alors à travailler à la stabilité de la colonie. En 1571, Legazpi chargea son neveu Juan de Salcedo de faire la conquête de la grande île septentrionale, Luçon. Le canon et les autres moyens d'extermination triomphèrent facilement de la résistance. Le 19 mai, Salcedo se rendit maître de cette terre et s'empressa d'y faire bâtir une ville défendue par des remparts, qui fut Manille.

Il restait à soumettre les indigènes. Ceux du littoral, Tagals, Pampangas, Zimbales, Pangasinans, Ilocos, Cayagans, etc., appartenaient avec de légères modifications à la race malaise, et leurs origines se rattachaient à celles des populations de Bornéo, de Java, de Sumatra. Dans les montagnes et les forêts au cœur de Luçon habitaient des aborigènes appelées Œtas ou Ajétas par les Tagals et Igorotes ou *Négritos del monte* par les Espagnols. Les Tagals acceptèrent assez vite le joug des vainqueurs et furent pour ceux-ci des instruments qui aidèrent efficacement à réduire en sujétion les autres naturels. Quant aux Négritos, on ne les inquiéta pas. Leur état sauvage les mit à l'abri de la domination étrangère. Ils ont gardé jusqu'à nos jours leurs mœurs et leur indépendance.

Les moines des divers ordres, Augustins, Franciscains, Dominicains, Récollets, qui avaient accompagné Legazpi ou s'étaient joints aux pre-

(1) Voir Oscar PESCHEL, *Die Theilung der Erde unter Papst Alexander VI und Julius II* (Leipzig, Duncker et Humblot, 1871). Ce fut à la demande de l'Espagne que, peu après le retour de Christophe Colomb en Europe, à l'issue de son premier voyage, la curie romaine fut invitée à faire le partage du monde pour régler les droits des découvreurs. Le 4 mai 1493, Alexandre VI, par la bulle *Sane accepimus*, traçait une ligne idéale qui délimitait le privilège des Rois Catholiques sur les îles et terres déjà découvertes et à découvrir à l'ouest et au sud des Açores et du groupe insulaire du cap Vert. Les Portugais contestèrent ce droit d'occupation en invoquant une bulle bien antérieure de Nicolas V (1454), qui leur octroyait l'exclusivité du commerce avec les Indes. Il en résulta une modification de la bulle d'Alexandre VI par la convention de Tordesillas (7 juin 1494), que confirma la bulle de Jules II (1506) donnant à chacune des nations rivales, Espagne et Portugal, un « hémisphère d'influence » correspondant, comme primauté sur les terres océaniques, à ce que pour les continents nous appelons actuellement un Hinterland. C'est sur cette convention et sur ces bulles que s'appuie encore aujourd'hui l'Espagne pour justifier sa souveraineté sur les Philippines. (C. S.)

miers renforts venus d'Espagne, entreprirent la conversion de l'île. Leur œuvre apostolique fut, suivant tous les historiens, fondée sur la persévérance et la douceur. Cette influence eut d'heureux résultats, et, dès les premières années de la conquête de Luçon, la paix aurait sans doute été cimentée si les autorités n'avaient inauguré un régime de terreur. Ces mesures n'avaient, au point de vue des principes de la civilisation, leur excuse que dans la nécessité de réprimer les incursions des Malais de Bornéo et de Mindanao, qui descendaient sur les rivages pour faire des prisonniers qu'ils transportaient ensuite sur les marchés d'esclaves. Quoi qu'il en soit, la rigueur très voisine de la tyrannie devint le mode accoutumé de gouvernement de la colonie. D'autres agressions ne firent qu'aggraver cette situation. En 1574, un pirate chinois, le roi Li-ma-hon tenta de prendre Manille par surprise, au moment même où Lopez Legazpi venait d'être nommé gouverneur général de l'archipel par Philippe II. Ce coup de main aurait peut-être réussi sans la vigilance d'un capitaine espagnol, Velasquez. Les Chinois, au nombre de 2,000 hommes suivis de 1,500 femmes, furent mis en déroute. Li-ma-hon parvint à se réfugier à Formose, mais beaucoup de ceux qui avaient pris part à son expédition s'enfuirent dans les montagnes de Luçon, où ils formèrent, par leur mélange avec les indigènes indépendants, une race de métis, les *sangleyes*, qui existent encore.

La réunion des deux couronnes de Portugal et d'Espagne sur la tête de Philippe II (1), en 1580, semblait devoir mettre fin à la lutte commerciale entre les deux nations jusqu'alors rivales. La colonie des Philippines aurait pu bénéficier, au moins durant un demi-siècle, de ces nouvelles conditions politiques de la métropole, si celle-ci ne s'était obstinée à ne rien changer à son déplorable système d'administration de ses possessions d'outre-mer. Luçon entra néanmoins par la force même des choses dans une période d'organisation progressive, et déjà l'on commençait à en retirer quelques avantages, quand un complot menaça tout à coup de ruiner complètement la puissance espagnole dans l'île.

En 1603, une ambassade venue de la Chine arriva inopinément à Manille sous prétexte de vérifier s'il était vrai, comme l'affirmait la légende, que Cavite (2) reposait entièrement sur l'or (2). Le gouverneur Pedro d'Acunha, qui avait succédé à Lopez de Legazpi, s'étonna de cette singulière visite, et répondit aux délégués du Fils du Ciel que la légende ne devait pas être prise à la lettre et n'était probablement qu'un symbole de la fertilité de la presqu'île couverte de plantations. En réalité ces Chinois n'avaient pas d'autre but que d'ourdir, avec ceux de leur race établis par milliers à Manille et y accaparant tout le petit commerce, un complot devant aboutir à des « vêpres espagnoles ». Ils voulaient exterminer les Européens de Luçon et attribuer la souveraineté de tout l'archipel à l'empereur de la Chine. Une Tagale, mariée à un Chinois, instruite de la conjuration, la révéla au gouverneur. Les Espagnols coururent aux armes, mais ils auraient été vaincus si les Chinois n'avaient commencé par

(1) A la mort du cardinal Henri, successeur de dom Sébastien au trône de Portugal, celui-ci, par suite de l'extinction de la branche bâtarde de Bourgogne, fut l'objet de nombreuses compétitions. Philippe II l'emporta, et les deux royaumes restèrent unis jusqu'au 1er décembre 1640. A cette date, les Portugais élurent pour roi Jean de Bragance. (C. S.)

(2) Cette légende avait sans doute pour origine la perte, dans ces parages, des galions chargés d'or expédiés par la métropole à la colonie. (C. S.)

mettre à mort plusieurs Tagals. Ce fut alors une mêlée effroyable. Tous les Européens sans exception, hommes, femmes, soldats, prêtres, moines, tous les habitants de l'île, indigènes et colons, se ruèrent sur les Célestes. Le carnage ne cessa que lorsque la tête du chef de la révolte fut portée au gouverneur de Manille.

Trente-trois ans plus tard, une nouvelle iusurrection des Chinois éclata et fut également étouffée dans le sang. En 1645, lorsque les souvenirs de cette année terrible affolaient encore tous les esprits, un tremblement de terre fit plus de mal à la capitale de Luçon que toutes les guerres ; puis les naturels de la Pampanga et les Pangasinans s'insurgèrent à leur tour. Les Espagnols n'en vinrent à bout qu'avec le secours des religieux, qui firent prévaloir leur ancienne influence, mais celle-ci ne tarda pas à être fatale aux gouverneurs mêmes. Un de ces derniers, Diego de Salcedo, vit se liguer contre lui le clergé et les ordres religieux, qui le déportèrent au Mexique, où le tribunal de l'Inquisition l'acquitta en prononçant des peines sévères contre les coupables, que personne n'osa livrer à la justice. Fernando Bustamente, successeur de Salcedo, pour avoir fait arrêter un criminel dans une église, lieu d'asile, provoqua une nouvelle émeute dans laquelle il périt sous le couteau d'un moine.

Les Anglais ne pouvaient manquer de profiter de ces discordes. En 1762, ils attaquèrent Manille avec quatre bâtiments de guerre commandés par l'amiral Cornish et des troupes de débarquement, blancs, cipayes et Cafres, sous la conduite du général Draper. La place dut capituler, et les vainqueurs la mirent au pillage, aidés par les Tagals, qui se firent d'implacables égorgeurs. Une rançon fut en outre imposée à la ville ruinée, incapable de la payer. On n'en versa que le quart; encore fallut-il pour réaliser cette somme vendre tous les ornements des églises, jusqu'à l'anneau pastoral de l'archevêque en y ajoutant l'argent des œuvres pies. Grâce aux auxiliaires chinois, les conquérants britanniques soumirent toute la contrée tagale, mais leurs cruautés donnèrent en même temps le signal d'une véritable croisade prêchée par le chanoine Anda et dirigée par l'officier Bustos. Cette campagne de guérillas dura près de deux années, et les Anglais épuisés étaient sur le point de se rendre à merci quand la paix fut conclue entre l'Espagne et l'Angleterre, avec l'évacuation de Manille pour clause principale. Malheureusement les guérilléros, Espagnols et Tagals, avaient pris goût à la vie en armes. Quand on voulut licencier les troupes de l'insurrection, elles méconnurent la voix de leurs chefs et celles des prêtres, leurs guides.

La situation se compliqua encore quand les Chinois entrèrent pour la troisième fois en rébellion. Enfin, plusieurs provinces répudièrent l'autorité du gouvernement général, jusqu'à ce moment reconnue partout. Le chanoine Anda, homme ferme et actif, intervint énergiquement. Nommé capitaine général, il rétablit la tranquillité et parvint à réparer les plus grandes pertes. Son successeur Basco déploya la même fermeté, fit saisir les principaux fauteurs de troubles et les embarqua sur un navire qui faisait voile pour l'Europe.

A Basco succéda Raphaël-Marie d'Aguilar, dont l'administration éclairée réorganisa l'armée, les finances, et favorisa le mouvement des ports de Luçon en les ouvrant à tous les pavillons étrangers. Par malheur l'Espagne, déchue de son importance et en lutte avec Napoléon, laissa sa colonie entièrement livrée à elle-même. Luçon resta isolée de la mère patrie jusqu'en 1814, et quand la paix fut rendue à l'Europe par la chute de l'empire français après Waterloo, le gouvernement de Madrid, au lieu de se ressaisir, ne trouva d'autre moyen de relèvement que le recours aux vieux errements de la guerre commerciale, les monopoles, les droits protecteurs, les tarifs surannés et la marine marchande ennemie de toute réforme. Chose étrange, ce système ne s'appliqua même pas à Manille, tant était grand le désordre administratif de la métropole. Toutes les nations européennes versèrent leur contingent d'intrus sur Luçon. Ces étrangers ne pouvaient que susciter une recrudescence de haines de la part des naturels contre les Européens, et ces haines n'attendaient qu'une circonstance propice pour faire explosion. Le choléra de 1820, qui vint fondre sur Manille, y fournit l'occasion aux colères populaires de se déchaîner. Les indigènes se persuadèrent bientôt que les Européens étaient les auteurs du fléau. Il y eut une Saint-Barthélemy des étrangers. Des médecins, admirables de dévouement en combattant l'épidémie, furent traités d'empoisonneurs, tués, poignardés, traînés dans les rues, foulés aux pieds des chevaux, et la foule ivre de fureur alla jusqu'à leur ouvrir la poitrine pour leur arracher le cœur et boire leur sang. Personne ne songeait que c'étaient pourtant ces étrangers qui avaient donné la vraie richesse à l'île en y mettant le sol en culture, en créant les plantations de café, de riz, de cacao, en multipliant les industries de toute nature. Les autorités restaient indifférentes à ces meurtres; elles ne sévirent que lorsque les Espagnols eux-mêmes se virent en péril. Le souffle des révolutions ne fit que croître en violence, entraînant non seulement les Malais et les métis, mais aussi un nombre de plus en plus grand de colons. Peu s'en fallut, en 1843, que les révolutionnaires ne s'emparassent de la forteresse de Manille. Quand on les eut subjugués, le gouverneur fit faire des exécutions en masse. Le sang ainsi versé ne pouvait que féconder les rancunes éternellement inassouvies. On en a eu la preuve dans tous les événements qui se sont accomplis aux Philippines depuis plus d'un demi-siècle.

Parmi les causes qui alimentent sans relâche l'opposition contre le gouvernement et les luttes intestines à Luçon, en trouvant leur répercussion dans tout l'archipel, on ne peut oublier l'antagonisme profond entre les partis religieux et les partis progressistes. Les loges maçonniques des divers rites, au nombre de plus de seize, rien qu'à Manille, avec des ramifications à Zamboanga, aux Visayas et dans toutes les îles en général, comptent des milliers d'adhérents. Les « Frères dormants », une des sociétés secrètes les plus redoutables, n'ont pas moins de vingt-cinq mille affiliés. Tous ces groupes de révolte fusionnent en une vaste organisation subversive, le *Katipunan*, qui est en rapport immédiat avec le Grand Orient d'Espagne. Le but commun est de se soustraire au joug monacal qui pèse d'un poids écrasant sur l'archipel. La population, activement travaillée par le *Katipunan*, est toujours en fermentation, et lorsqu'elle a des chefs comme les Aguinaldo, les Llanera, les Andrea Bonifacio et tous ceux qu'on a vus à l'œuvre dans le grand soulèvement des Philippines en 1896, elle ne peut être maîtrisée qu'à la condition de rencontrer, pour lui faire front, ce que l'on est convenu d'appeler un gouverneur à poigne, qualification qui implique une dictature affranchie de toute légalité. Dans ces conditions, le pays, soumis à l'oppression accompagnée de toutes les mesures martiales excessives, reste en agitation perpétuelle. A peine une insurrection a-t-elle cessé qu'une autre renaît plus violente, et, au milieu de ces guerres civiles sans interruption, la prospérité, si malgré tant d'obstacles elle a été jamais possible, ne peut que péricliter.

II

Les Philippines, découpées et émiettées à l'extrême comme les Moluques, sont, à raison de leur morcellement géographique, plus difficiles à gouverner que ne le serait un pays d'un seul bloc où les communications pourraient s'établir par un réseau unique de voies ferrées et par un mécanisme politique et administratif dont tous les rouages recevraient leur mouvement d'un centre en correspondance directe avec chaque subdivision de l'autorité suprême. Cette concentration n'est actuellement que nominale, et comme sa force ne s'appuie que sur une armée d'occupation nécessairement disséminée dans les diverses garnisons, elle s'affaiblit par son mode de fragmentation et par son manque de contact avec le sentiment national. Le gouverneur général est, à vrai dire, vice-roi, ayant sous ses ordres des administrateurs de province et pour moyen de coercition les régiments civils dans Luçon, les troupes espagnoles dans les Visayas, Mindanao, Jolo, etc. Mais ce vice-roi ne possède aucun privilège d'initiative. Son action est commandée par le cabinet de Madrid, qui le nomme et le mène, en se débarrassant de lui comme d'un serviteur incommode ou ayant cessé de plaire chaque fois que la crise politique en Espagne l'exige ou le conseille. Or, l'on sait combien cette crise, revenant si fréquemment, est d'ordinaire aiguë. Un bon gouverneur des Philippines, comme l'était (de 1893 à 1896) le maréchal Blanco, est ainsi brusquement remplacé par un autre, moins sympathique aux colons et aux indigènes, tel le général Polavieja, et celui-ci à son tour est évincé par un politicien, tel le marquis de l'Estella.

Toutes ces causes d'instabilité ont leur contre-coup dans les affaires, l'industrie, le commerce, dont elles entravent ou suspendent le développement, qui s'accuserait de tout autre façon si le régime funeste à tous les intérêts était changé. « Livrez Luçon, a-t-on dit, à l'activité et à la tolérance anglaise, ou bien encore à la ténacité laborieuse des créoles hollandais, et vous verrez ce qui sortira de ce merveilleux joyau. » Rien ne saurait être plus exact. La richesse naturelle des Philippines est magnifique, et en admettant que les conditions de température n'y secondent point l'acclimatement des blancs, on en ferait incontestablement une des plus splendides colonies d'exploitation commerciale qu'il puisse y avoir au monde. Une végétation vigoureuse, une variété inépuisable d'essences d'arbres forestiers et fruitiers, un sol d'un rendement sans égal en céréales et produits de toute espèce, riz, blé, café, indigo, cacao, canne à sucre, indigo, tabac, bétel, arek, des mines de fer et de soufre, des courants aurifères, des terres propres à l'élève du bétail, des moutons, des chevaux, tout abonde en ces îles favorisées. Elles n'attendent que leur vraie mise en valeur.

Charles Simond.

LE PONT D'ESPAGNE, A MANILLE.

LES PHILIPPINES

I

La mer calme, noyée d'opalescentes clartés, boit avidement le soleil; la lumière se pose en paillettes à la cime des flots courts, plonge aux profondeurs verdâtres; enfin, sur l'immensité des eaux le prestigieux azur tropical triomphe, et tout à coup, à la droite du *Formidable*, apparaît un foisonnement de petites îles charmantes rappelant l'entrée incomparable de Singapore. Nous passons si près que parfois l'ombre des verdures gigantesques caresse le pont; l'air s'alourdit d'une odeur de terre chaude, de vénéneux mais délicieux parfums.

Ces îles sont exquises; nulle trace d'habitants; le grand silence de la forêt.

Une chanson lente, un bruissement doux, traîne sur les flots : plainte languissante des grands bambous.

. . . .

Quelques taches brumeuses signalées à l'horizon, la Sierra de Marivèles, dominant cette baie de Manille — la plus somptueuse du monde — où, grise dans l'entassement lourd de ses toits, de ses monuments incolores, dort l'antique *Ciudad* (1). En face la

(1) Nom donné à la ville murée.

malheureuse Cavite, naguère si vivante et gaie, dont on répare aujourd'hui les lamentables ruines.

Le soleil rougeoie, la mer comme une nacre aux tons violents s'illumine jusque dans ses tréfonds de clartés pénétrantes que les grands paquebots, immobiles, noircissent d'immenses ombres allongées.

INDIENNES AETAS (RACE ABORIGÈNE).

Ces fins de jour sont, aux Philippines, d'une beauté sans seconde.

Peu à peu les mouvements de la machine se ralentissent; nous stoppons, et dans le branle-bas accoutumé des fers secoués, des cris, des chaînes grinçantes, l'ancre tombe.

Après une visite méticuleuse du service de la santé et par *cortesia* le médecin nous offre gracieusement l'hospitalité à bord de sa chaloupe à vapeur qui nous conduit vers le Pasig, le magnifique fleuve aux vingt bouches, gloire de Luçon, et nous débarquons près de la capitainerie du port.

Ce port, où, sur triple rangée, mouillent des bateaux de tous pays,

UNE NOCE A PACO.

sauf les grands steamers, qui demeurent en rade, est d'une importance considérable, d'une activité prodigieuse.

Au trot de deux petits chevaux de l'archipel, bijoux de formes, fins, nerveux, pleins d'ardeur, nous nous dirigeons, non sans de grands détours, vers notre case tagale, la plus fraîche des habitations en ce pays de chaleur, retenue pour nous à l'extrémité du village de Sampaloc.

Nous parcourons Binondo, Santa Cruz, Tondo, faubourgs qui forment la ville marchande proprement dite. Depuis quelques années on bâtit ici d'assez belles maisons à deux étages, d'une construction toute spéciale, qui résistent aux tremblements de terre, rafraîchies par un double toit en zinc établissant une large circulation d'air; divers tramways soit à vapeur, soit traînés par des chevaux, sillonnent ces rues pleines de vie, de mouvement, de gaieté.

A San Miguel, San Sébastian, Sampaloc, la *Ermita,* quartiers aristocratiques, fleuris, ombreux, résident les hauts fonctionnaires et tout le high-life manillais.

Diverses administrations, le clergé, les couvents, occupent la *Ciudad*, triste, ruinée, décrépite, réunie à la cité marchande par le pont d'Espagne.

Sous cette chaleur annihilante d'étuve, comme partout en Extrême-Orient, même grouillement dans les voies poussiéreuses d'êtres hétéroclites, même odeur fauve exaspérée de chair jaune, noire, rouge, même puanteur intolérable quand on passe devant la vermineuse boutique du Chinois. Ah! cette odeur du Chinois! combien spéciale et nauséeuse, et pour qui la connaît combien compréhensible la boutade du voyageur qui disait : « Qu'un coup de baguette me transporte subitement, les yeux bandés, dans une ville quelconque, au bout du monde, si c'est une ville chinoise, je jure de m'en rendre compte immédiatement à l'odeur. »

Ce composé de relents pestilentiels n'appartient qu'aux Célestes.

De petits *Tagals* (1) passent, accoutrés avec une impayable fantaisie : chemise flottante sur le pantalon clair, le chef couronné d'un chapeau melon ou canotier, les pieds nus dans l'escarpin; quand ça gêne, c'est bien simple, on pratique dans le cuir, même le plus verni, une incision libératrice, et la partie blessée, le pouce ou le petit doigt le plus souvent, prend l'air tout à son aise.

Fort bien faits dans leur taille exiguë, ces Tagals d'allure souple et féline, la face patinée de bronze fin, l'œil vif, le nez quelque peu camard, les dents superbes.

Les cheveux plats sont abominablement empouacrés d'huile de coco, excellente nourriture, semble-t-il, pour certains parasites qui croissent, se multiplient envers et contre toutes ablutions sous ces forêts si amoureusement soignées... Question d'atomes crochus sympathisant de la... petite bête à l'Indien.

Crieurs de journaux, d'eau fraîche, de glaces, marchands d'oiseaux, de singes — ces effrontés, roulant leurs yeux clignotants sous les paupières affolées, crissant des dents à l'adresse du voya-

(1) Nom donné aujourd'hui à tout Indien baptisé.

geur — Chinois tout de blanc vêtus, suivis de leurs portefaix courbant l'échine sous le poids des ballots de *chucherias* (1); tout ce monde court, trotte, se heurte, se bouscule en un remuement vertigineux.

Dans la rue del *Rosario*, tout entière occupée par le commerce chinois, quelques magasins assez élégants, des bazars, des boutiques, fouillis papillotant d'étoffes rutilantes, de laques, de cuivres, d'émaux.

Sur la lourdeur des brûle-parfums de bronze, sur les flancs des potiches ventrues, toute une floraison extravagante, tourmentée de l'enroulement des chimères, des dragons ailés que fixe le regard louche de dieux biscornus.

Tapi comme une araignée à l'affût, derrière sa marchandise, de son petit œil perfide à l'expression à la fois hostile et doucement cafarde, *John Chinaman* guette le client.

Dans le mystère des arrière-boutiques, en quelque coin sordide masqué de caisses, de draperies, d'oripeaux, d'occultes fumeries d'opium.

Il est avec la loi des accommodements; l'abrutissement de l'Indien et du métis entrant dans les vues de la politique espagnole, la police oublie généralement de s'occuper de ces débits clandestins et meurtriers.

Plus cachés, plus enfouis encore dans l'ombre des recoins ignorés, les autels lilliputiens, souvenirs de la patrie chinoise.

Dans la *Escolta*, rue genreuse, mouvementée, quelques beaux magasins européens, des pâtisseries, et ces fameuses *boticas* (2), qui sont ici pour les hommes un lieu de réunion plutôt potinier, mais parfaitement select. Triste infiniment est de rencontrer, dans ces *calles* (3) pétillantes de bruit, la chaîne honteuse des « Présidiarios », de ces malheureux forçats qui, tête rasée, couverts de souquenilles blanches, sales, loqueteuses, s'en vont — lamentable troupeau — hués, frappés, se livrer aux plus rudes travaux sous un soleil à faire éclater les crânes.

Des voitures de toutes sortes se croisent, calèches antédiluviennes, victorias, landaus, coupés d'une correction impeccable, *carromatas*, *calesas* du riche métis ornées d'argent et parfois de nacre, *quilès* de louage; des cyclistes filent entre les véhicules, dos rond, visage ruisselant.

Très correctes, un peu snob, sont les femmes de la colonie étrangère; toilettes dernier cri, surfahsion féminine qui tient ici le record de toute élégance.

Belles infiniment, cependant, les Espagnoles et quelques-unes,

(1) Assortiment de toutes sortes de marchandises allant de la mercerie l plus commune aux bijoux de plusieurs centaines de piastres.
(2) Pharmacies.
(3) Rues.

des métisses, d'une blancheur invraisemblable, comme éclairée de lumière intérieure.

Des Indiennes sortent des manufactures de tabac, pimpantes, gaies, ayant oublié déjà le lourd labeur, et, toutes charmantes, déambulent joyeusement le long des rues principales avec un balancement joli et particulier des hanches, le *ménéo,* la démarche onduleuse, ponctuée du claquement des *chinelas* (1).

Traits flous, chiffonnés, d'un bronze plus ou moins foncé, mais qu'anime singulièrement la vivacité de la physionomie.

INDIEN TAGAL (MARCHAND DE BOIS).

La Tagale porte avec une grâce infinie une longue *saya* (2) serrée autour des hanches par une large pièce de soie noire enroulée, une chemisette de fine batiste du pays, un fichu tombant libre sur la poitrine; par la chevelure elles évoquent les héroïnes des contes de fées : c'est un ruissellement de jais qui va parfois jusqu'à terre.

Les vieilles sont horribles; toutes ces frimousses mignardes qui rappellent la Japonaise de la classe bourgeoise, tournent au simiesque achevé en vieillissant.

Notre cocher va ce train d'enfer qui fait que l'on se demande, à chaque tournant de rue, par quel miracle l'on n'est pas encore en morceaux; mais il faut arriver à la *Luneta* avant la tombée si prompte du crépuscule.

Ce *paseo* (3) de la Luneta jouit, parmi les voyageurs, d'une réputation unique et réellement méritée.

Au bord même de la vague, des voitures innombrables se rangent; des parlotes s'organisent; une foule diaprée s'agite; la musique militaire, excellente d'ailleurs, joue des airs d'opéras ou

(1) Pantoufles de velours brodées de perles.
(2) Jupe traînante.
(3) Promenade.

d'opérettes généralement français, et surtout des dànses espagnoles, *habaneras, fandangos, séguedilles.*

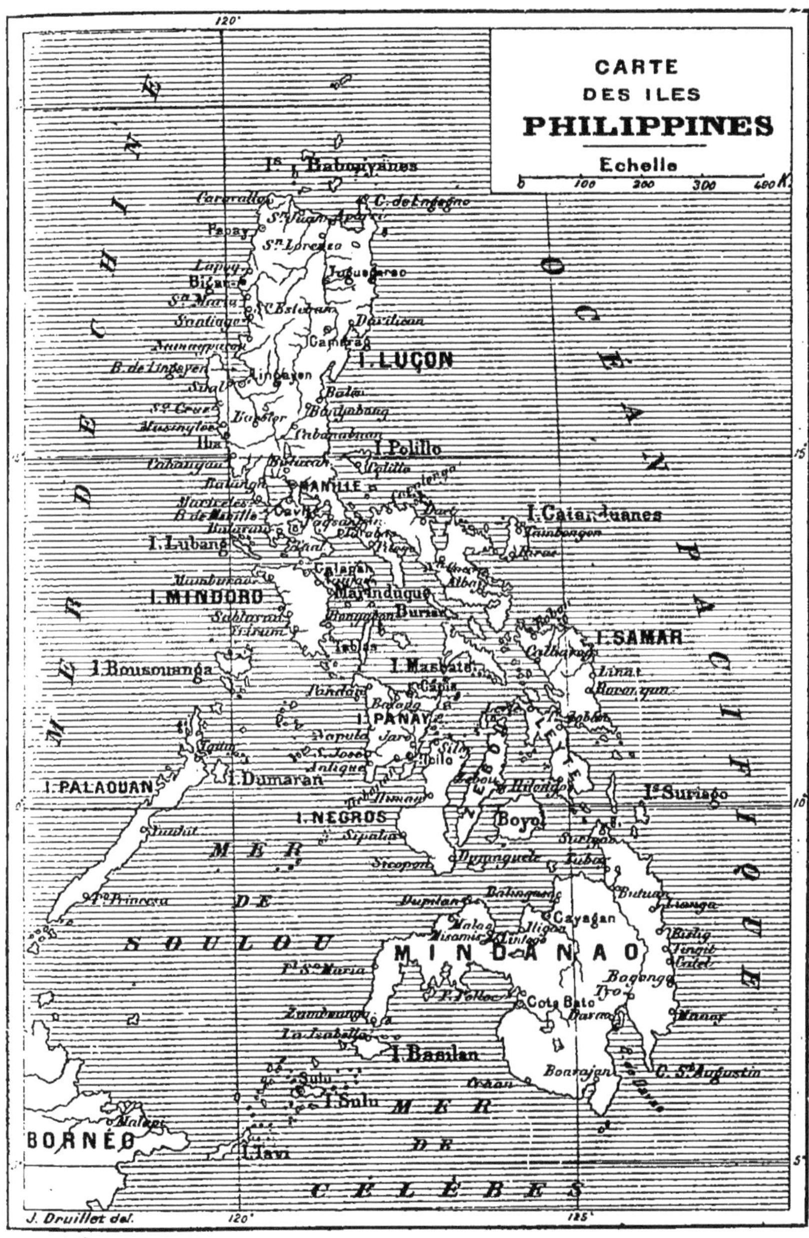

De grands souffles vivifiants viennent du large. C'est une halte de douceur indicible.

Une senteur tiède flotte, relents humains, émanations marines, lourds parfums combinés; le satin des *sayas* multicolores bruisse, étincelle; on se grise du décor bizarre, on emplit ses yeux de l'éblouissement des couleurs.

C'est l'impression d'un monde de rêve, truc de féerie, gai, coquet, étonnamment réussi.

Soudain le soleil précise sa forme, globe sanglant nageant dans un lac d'or fluide, puis croule dans les flots; quelque temps une clarté pourpre survit, baigne toutes choses et disparaît.

Maintenant, sous les larges étoiles qui semblent plus près de nous dans les ciels équatoriaux, nous filons vers Sampaloc; les cases de *nipa* (1), panneaux tirés, sont ouvertes comme de grandes cages, et... oublieux des tristesses récentes, échappant à toute préoccupation d'avenir, Tagals et Tagales dansent, chantent, papotent comme aux jours heureux au terlintintin aigrelet de leurs instruments de bambou.

Il est à peu près incontestable que les Philippines furent primitivement peuplées par une race de petits nègres aborigènes (semblables à ceux que Stanley et divers autres explorateurs ont rencontrés dans le centre de l'Afrique et qu'on a dénommés *pygmées*) habitant encore en assez grand nombre l'intérieur des forêts, et que les Tagals appellent *Ajétas* et les Espagnols *Négritos*.

Sans doute à une époque très reculée, des habitants de la Chine, du Japon, des vastes archipels du Sud, Javanais et même Hindous, durent aborder sur ces belles plages; des croisements de ces différents peuples sont sortis dix-huit races, dont le type varie de la laideur simiesque, débile, jusqu'à la pure beauté des vieilles races de l'Inde.

Des sympathiques d'ailleurs, ces pauvres petits Tagals, dont on s'occupe si peu au milieu des grands événements qui accaparent en ce moment l'attention européenne. Peuple doux, enfantin, avec les défauts même de l'enfance, menteur, paresseux, chapardeur, caractère insaisissable à force de mobilité, âme complexe semi-civilisée, semi-barbare, poétique et sentimentale toujours. Doucement traité, l'Indien eût aimé l'Espagnol, qu'il regarda longtemps comme un demi-dieu... Toute patience a des bornes, et la haine est venue, militante, irréductible.

Tagals et Tagales sont fous de musique, de plaisirs, de fêtes, combats de taureaux, de coqs, représentations théâtrales; mais ils aiment par-dessus tout les processions et les cérémonies religieuses dont la pompe grandiose séduit leur imagination; c'est du reste tout ce qu'ils comprennent de la religion, en connaissant à peine la lettre, en ignorant complètement l'esprit.

La femme tagale, extrêmement coquette, a la passion effrénée des bijoux, des riches étoffes; mariée, elle s'assagit, se montre dé-

(1) Sorte de chaume.

vouée, laborieuse — elle a des doigts de fée dans des mains charmantes — excellente mère. Cependant l'ensemble des mœurs laisse fort à désirer... La faute en est-elle bien à ces grands enfants? Qu'ont fait de l'Indien les maîtres, les conquérants, dont la mission était de le protéger, de le diriger?

II

Les Espagnols ont ou avaient dans l'archipel des Philippines une colonie merveilleuse, d'une incroyable richesse : tabac, ylang-ylang, sucre, indigo, abaca (sorte de chanvre), cacao, riz, fruits exquis; mines d'or, d'argent, de charbon, de kaolin, de pétrole, gisements de cuivre, de plomb, de fer, de soufre, peu ou pas exploités en dépit des nombreuses concessions accordées; les Indiens font même la pêche des huîtres perlières sur les côtes du Pacifique, mais ces perles, petites, ont peu d'orient.

Plus productive est la chasse aux nids d'hirondelles — *salanganas* — vendus aux Chinois jusqu'à trois cents francs les vingt-deux onces, ce qui serait fabuleux si cette chasse ne se faisait dans des rochers presque inaccessibles, au prix des plus grandes fatigues et de périls réels.

Le commerce d'importation se compose... de toutes sortes de choses, y compris les modes parisiennes... que Dieu en garde nos proches et nos amis!

Le climat des Philippines est loin d'être aussi anodin que le chauvinisme espagnol veut bien le prétendre; la dysenterie, la variole, la lèpre, le béri-béri, la tuberculose y règnent à l'état endémique; le choléra y fait de temps en temps de terribles apparitions.

Depuis quelques années, les fièvres pernicieuses s'attaquent à l'Européen et causent de grands ravages, mais le mal dissolvant par excellence, celui auquel bien peu de colons échappent, c'est l'anémie, d'une intensité si grave dans tous les pays tropicaux.

Cet air presque constamment orageux, saturé d'humidité chaude, enivre et brise l'Européen, être de nervosité trop intense pour les supporter longtemps; très vite il dépérit, s'annihile et meurt s'il ne vient de temps à autre se retremper, faire provision de nouvelles forces en Europe.

Il n'existe dans l'archipel que deux sortes d'animaux vraiment dangereux : le petit buffle sauvage, les serpents, mais on peut dire que ces îles sont le paradis des scorpions, des mille-pieds géants, des moustiques, des fourmis rouges, tous insectes à piqûres affolantes. Parmi les serpents, il en est deux spécialement redoutables, le Serpent-Fil, — qui se retrouve aussi dans l'Inde, — de la couleur, grosseur et longueur d'un ver de terre; quand de sa bouche si petite il peut saisir un mince repli de chair, la mort se produit irrémédiablement en quelques minutes; presque aussi terrible le *dalum-palay,* serpent des rizières. Il y a cependant un antidote à

COUTURIÈRE TAGALE.

son poison : l'alcool absorbé à haute dose à l'intérieur et employé en frictions vigoureuses; c'est à Paris, au laboratoire du Muséum, que ce procédé a été découvert il y a quelques années. Pour échapper à la mort, le patient doit arriver au dernier degré de l'ivresse.

En dehors des grands fauves, presque tous les animaux connus dans les autres parties du monde peuplent les forêts des Philippines.

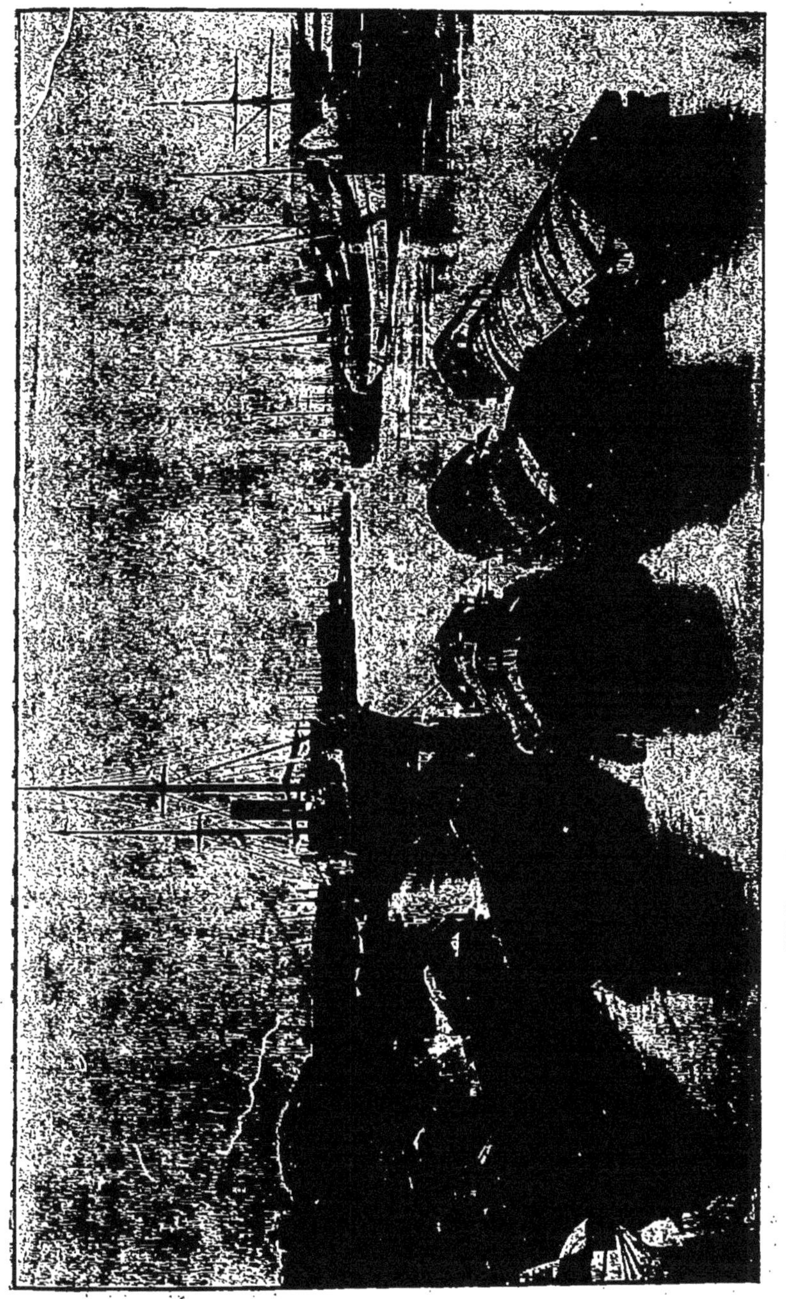

MANILLE. — VUE PRISE SUR LE FLEUVE PASIG.

Dans une seule province on trouve une merveille unique, le cerf *pilandor*, petit animal de formes parfaites, réduction lilliputienne du cerf de nos pays, haut à peine de trente centimètres.

Le cerf pilandor meurt invariablement après quelques jours de captivité.

III

A Manille, le pouvoir presque autocratique réside aux mains d'un gouverneur général militaire. Un général de division est à la tête de l'armée, un contre-amiral commande les forces navales, fort occupé à contenir autant qu'il est possible — et ce possible est peu de chose — les pirateries des Moros malais dans la mer de Soulou.

En temps ordinaire l'effectif des troupes est de 17,000 hommes, dont 2,000 Européens seulement; depuis la dernière insurrection ce chiffre a été augmenté de 12,000 hommes.

Cette magnifique colonie se divise en provinces et districts, administrés par des alcades, juges de tous procès, en même temps qu'administrateurs.

Chaque ville ou village élit un maire (*gobernadorcillo*) (1); ses adjoints, dénommés *tenientes* (2), sont désignés par les Tagals sous le nom pompeusement symbolique de *Cabezas de Barangay* (*Cabeza*, tête; *Baranguay*, vaisseaux).

Le clergé des Philippines — qui compte environ 3,000 âmes — obéit à la direction de l'archevêque de Manille; les principaux postes sont occupés par des prêtres ou religieux européens, les cures moins importantes étant abandonnées au clergé séculier indigène.

Les Dominicains ont la direction d'un établissement d'instruction secondaire et d'une Université où l'on enseigne avec succès la théologie, la philosophie, les sciences physiques et naturelles.

Les Jésuites dirigent l'Athénée municipal, lequel comprend une école professionnelle, un collège, une école d'agriculture et un observatoire riche d'instruments spéciaux uniques au monde, permettant de prévoir et de suivre la marche des typhons, cyclones, comme aussi d'enregistrer avec une précision absolue les divers mouvements des tremblements de terre.

Un Espagnol, Don Lorenzo Rocha, s'occupe fort intelligemment d'une école des Beaux-Arts qui, malgré tous ses efforts, marche assez mal; en fait de compréhension d'art, l'Indien ou le métis dépasse rarement une limite fort restreinte; le dessin n'existe pas pour lui, la couleur est fausse; en peinture, des hommes comme Luna, ou en littérature, des hommes tels que Rizal (3), demeurent des exceptions. Cependant nous avons admiré, dans certaines familles anciennes, de précieuses statuettes exécutées par des Indiens dont

(1) Petit gouverneur.
(2) Lieutenant.
(3) Fusillé lors de la grande insurrection.

l'art naïf nous a ravi. La tête, les bras, les jambes, les pieds sont en ivoire délicieusement teinté par le temps d'un jaune un peu verdâtre : les draperies joliment traitées sont touchées de rehauts d'or.

Les fabriques de tabac sont très nombreuses dans l'île de Luçon. Les manufactures de céramiques ont donné, lors de l'Exposition philippinoise à Manille, des produits remarquables.

Il n'existe encore qu'un seul chemin de fer qui va de Manille à Dagupan en parcourant un trajet de 180 kilomètres.

La population totale de l'archipel varie selon les auteurs, de 8 à 12 millions d'habitants, sur lesquels il faut compter de 650,000 à 700,000 Chinois, 25 à 30,000 Européens, 300 à 350,000 Moros mahométans.

Lors de son débarquement, Magellan trouva ces Moros déjà établis sur un cartain nombre d'îles dont la principale est Mindanao. Aujourd'hui encore ils ne sont soumis que de nom au protectorat espagnol; cette race vaillante et cruelle est indomptable et n'accepte d'autre autorité que celle de son sultan.

IV

Invités à une noce, nous allons passer la journée au charmant village de Páco.

Dans ce climat d'anémiante chaleur, il faut être matinal, mettre à profit les heures fraîches.

A l'est, le jour se lève, traînée vaporeuse qui lentement s'éclaire; la lumière immense et blanche envahit le paysage, baigne d'un fluide d'argent le fin tapis des rizières; la route, bordée de cases rustiques aux jardins débordant de palmiers, de bananiers, de cocotiers, est exquise.

Un bruissement d'humanité s'éveille avec le soleil; des hommes courent sur la route à la lisière des champs, grimpent sur les toits piquant le ciel de cerfs-volants gigantesques. Devant une hacienda des Indiens font, avec une véritable tendresse, la toilette de leurs *carabaos* (1).

Ce carabao, doux, patient, sobre, le Tagal l'emploi à tous ses travaux; c'est lui qui laboure ses champs, fait les charrois, le transporte sur son dos à travers monts et vallées; seul il peut servir à la culture du riz, qui s'opère dans soixante centimètres de boue. Cette colossale bête, qui passe la moitié de son existence plongée dans l'eau jusqu'au nez, est de complexion extrêmement délicate : un rien, et c'est un rhume, une fluxion de poitrine; il est défendu de tuer le carabao pour la boucherie et ordonné, sous peine d'amende, de faire constater sa mort, en raison du recensement qui se fait tous les ans.

(1) Buffles.

Des villageois pilent le riz au bord du chemin, d'après un mode opératoire qui n'a pas dû changer depuis l'âge d'or.

Et partout des fleurs s'ouvrent, pareilles à d'invaisembables insectes, partout des insectes s'agitent, pareils à d'invraisemblables fleurs; des scarabées au corselet d'émeraude volent lourdement, des oiseaux-mouches, gros comme une fleur de jasmin, passent zébrant l'air de luisances de pierreries.

Nous suivons une avenue riante, large et spacieuse. Non loin des portes de la *ciudad* nous trouvons le cimetière.

TAGALS DÉCORTIQUANT LE RIZ.

Ce champ des morts, tel un havre de paix blotti sous les grandes verdures, est une surprise pour l'Européen de passage. A l'extérieur rien de funèbre : une grande porte ouvragée donnant sur une place en hémicycle, puis un grand mur blanc entourant la nécropole.

Nous entrons, et notre étonnement augmente; nuls emblèmes funéraires, point d'os en croix supportant un crâne, pas même les trois larmes traditionnelles creusées dans la pierre, comme si la pierre seule était capable de pleurer toujours. Il semble qu'ici l'indifférence de l'Indien devant la mort se soit communiquée à l'Européen.

Il n'y a là qu'un jardin frais et bien entretenu; dans le mur circulaire qui l'entoure, des rangées de cases, les unes ouvertes, vides,

RUE ROYALE DE MANILLE.

les autres occupées, closes d'une plaque; sur la plaque un nom, un âge, à peine un *Requiescat*, c'est tout.

On n'enterre pas à Manille, on enmure.

Les rares oiseaux chanteurs du pays semblent s'être donné rendez-vous dans la funèbre enceinte, et sans trêve ni repos y chantent pour les trépassés.

. . . .

Au bord d'un *estero* (1), des lavandières regardent passer notre voiture, toujours amusées de voir le *Castila* (2). A Luçon, les hommes sont, plus peut-être encore que les femmes, blanchisseurs et repasseurs, et le temps n'est pas loin où tout le repassage consistait à promener à plat sur le linge, sans se soucier autrement des plis ou ornements, une casserole de fer remplie de charbon : le résultat était indescriptible.

Nous arrivons, et l'on nous accueille avec cet empressement, cette grâce aisée que le plus humble Indien met à faire les honneurs de sa case. Aux Philippines, en province du moins, le voyageur, l'explorateur, le simple flâneur, l'étranger peut entrer partout, s'asseoir à la table de famille, assister aux bals, réunions, cérémonies intimes, sans y avoir été convié; sa présence est une fête. Il n'en est plus ainsi à Manille, où riches familles indiennes et métisses, fatiguées des hauteurs et du sans-gêne des maîtres, ne reçoivent plus l'Européen que sur invitation particulière.

Cette maison où nous descendons appartient à des cultivateurs aisés, elle est fort grande et la plus belle du pays, édifiée en bambou, comme toutes les cases d'Indiens, le toit énorme recouvert de *nipa*. Là — hôtes singuliers — gitent assez souvent d'inoffensives mais énormes couleuvres, et se promène le *chacon*, lézard mesurant parfois de la tête à la queue 70 ou 80 centimètres, lequel doit son nom au cri plutôt horripilant qu'il pousse pendant la nuit à intervalles réguliers : « tcha-con, tcha-con. »

Les planchers de ces maisons, formés d'un treillis à jour, laissent passer tous les détritus, dont un porc — sauf respect — toujours aux aguets fait consciencieusement son profit... Nous glissons sur certains détails qu'une plume honnête se refuse à préciser.

Dans ces cases très propres, les meubles sont inconnus; quelques *tampipis* (3), seulement quelques nattes, quelques hamacs et toujours sur l'un des panneaux les images du *Niño Sancto*, — du saint enfant, — de la « Virgen purisima », devant lesquelles brille jour et nuit une tremblante lueur.

En somme, ces maisons nous semblent aménagées avec une compréhension très pratique des besoins du pays; haut montées sur pilotis, elles sont à l'abri de toute humidité et, grâce à l'ensemble

(1) Ruisseau.
(2) Nom générique donné à l'Européen.
(3) Panier d'écorce de bambou.

élastique de leur construction, résistent presque toujours aux plus violents *terremotos* (1).

Restent les incendies si fréquents; ceci est plus grave ; quand une case de *nipa* prend feu, tout est dit, en quelques minutes le village entier flambe.

***

Le mariage chez les Tagals présente des particularités assez curieuses :

Dès qu'un jeune homme *Pollo* — petit coq — a fixé son choix sur une *Daraga*, — jeune fille à marier, — il la fait demander par ses parents au père et à la mère, auxquels on offre une piastre; celle-ci acceptée, le prétendant est admis; la nuit se passe alors en festins, en réjouissances de toutes sortes; dès le lendemain le fiancé entre chez ses futurs beaux-parents comme fils et serviteur; ce service dure parfois jusqu'à trois ans; au moindre reproche encouru, notre nouveau Jacob peut être renvoye.

Il y a là une source d'incroyables abus : tel père de famille prolonge indéfiniment cet état de servitude auquel il trouve son profit; tel autre chasse sans pitié le pauvre hère qui l'a servi longtemps, consciencieusement, pour recommencer un nouveau bail avec un autre prétendant.

Il arrive assez fréquemment que les fiancés, lassés d'une trop longue attente, perdent patience, vont trouver le curé du village et le prient de les marier; en cette délicate occurrence la jeune fille empoigne son futur par les cheveux et le traîne ainsi aux pieds du *padre*, auquel elle doit déclarer sous la foi du serment, qu'elle *enlève* son fiancé!!!! La cérémonie a lieu alors sans le consentement des parents; mais si le jeune homme amenait la jeune fille, ce serait un affreux scandale passible d'un grave châtiment.

Quand, au contraire, tout va au mieux dans le meilleur des mondes tagals possibles, grandissime fête chez la *novia;* deux camps se forment où, sous figure allégorique, dans une forme poétique et curieuse, les intérêts des conjoints sont défendus... On s'entend vite, l'Indienne n'apportant jamais de dot, mais seulement son cœur et sa main. Main quelque peu singulière, fine, un tantinet maigriote, dont la paume montre une teinte rosée inquiétante... Ce rose sous ce brun? L'on a vu cela quelque part... L'on cherche... C'est un rappel des menottes agiles de ces *tchongos* (2) qui, très malins, affirment les Indiens, ne parlent pas, dans l'unique but de se soustraire aux corvées, d'échapper au service militaire.

Huit jours après ce palabre de famille, la cérémonie du mariage est célébrée à l'église, comme chez nous.

Cet usage curieux de la servitude qui précède l'union tagale

(1) Tremblements de terre.
(2) Singes.

dut être apporté aux Philippines par les Malais mahométans, chez lesquels on retrouve quelques-unes des habitudes chères aux anciens patriarches.

Mariages et baptêmes ont lieu généralement le dimanche; presque toujours on donne aux enfants le nom du saint dont c'est la fête, le féminisant ou le masculinisant selon la circonstance; aussi trouve-t-on des hommes qui répondent aux noms pittoresques de *Roso*, *Mathildo*, *Suzanno*, etc., etc., et des femmes qui s'appellent non moins pittoresquement *Pancrasa*, *Mathiasa*, *Polycarpa*, etc., etc.

BUFFLES ET CHARRETTE TAGALE.

Pour l'une et l'autre cérémonie, on va, fanfare en tête, chercher de porte en porte les invités que l'on ramène à la maison de l'hôte, maison magnifiquement décorée de choses infiniment utiles et agréables; sur toute la façade, autour des fenêtres, « ce ne sont que festons, ce ne sont qu'astragales »; dans le repoussoir des guirlandes de verdure éclatent les teintes d'or bruni des poulets rôtis, l'acajou luisant des jambons piqués de fleurs et d'étoiles de clinquant, le papier d'argent des saucissons d'Europe.

Tous les amis enfin réunis, la jeune fiancée est conduite à l'église, où la cérémonie se passe absolument comme chez nous.

Durant toute la journée et toute la nuit, parfois même pendant plusieurs jours, ces frêles et mignons Tagals boivent, mangent, dansent, inlassables, au crissement éperdu des instruments de bambou, au ronronnement sourd de la *vigüela* et du *bandolon*, instruments bizarres à douze et trente cordes.

PACO (VILLAGE).

La passion de la musique atteint, chez le Tagal, les limites de l'impossible; passion malheureuse s'il en fut, car les pauvres diables glapissent d'une voix de tête suraiguë qui lime les nerfs; avec cela une recherche de l'effet sentimental absolument bouffonne.

Tout Indien appartient au moins à une société orphéonique quelconque; leur mémoire est prodigieuse, ils apprennent et retiennent les airs avec une incroyable facilité; les rues de Manille sont, tous les soirs, sillonnées de bandes de musiciens qui jouent le plus souvent, comme la musique militaire, nos airs d'opérette, et, plus c'est faux, meilleur cela est; pendant ce temps, le gamin vendeur de glaces s'égosille avec son sempiternel *sorbète limon* (1).

Il y a quelque trente ans, des fortunes colossales se sont édifiées à Manille par la vente des instruments de musique.

Tout le village est en fête; une procession doit sortir, parcourir les rues; de petits hangars abritant des pâtisseries, des étalages de bibelots étranges ont été dressés sur la place, et ce sont là des stations longuettes, où les dents éblouissantes mordent avec entrain dans les plus suprenants gâteaux rances et poisseux qui se puissent voir; il s'y fait aussi une prodigieuse consommation de *potos*, sorte de colle de riz teintée de toutes les nuances inquiétantes de l'arc-en-ciel, dont les naturels sont si friands. On vous en offre de verts, de bruns, une certaine variété porte même le nom de *Poto cochino*, appellation quelque peu réaliste que nous nous dispenserons de traduire.

Des femmes, luisantes de sueur, accroupies sur des nattes, vendent les régimes de bananes, les mangoustans exquis.

Une chose hideuse! de distance en distance sur le sol, de larges taches sanguinolentes... c'est le crachement pourpre du *buyo* (composé de chaux, de noix d'arek et de feuilles de bétel) que les Tagals, hommes et femmes, mâchent avec frénésie.

Jamais, pour parer à une souillure de ses vêtements, Indienne ni métisse ne relève la traîne de sa robe; cela manquerait d'élégance, compromettrait la grâce ondoyante de la démarche.

Là, comme partout, actifs, industrieux, cachant, sous la froideur du masque, l'éternelle gouaillerie de la race, des fils du Céleste-Empire vendent de tout et de mille autres choses encore, selon l'expression pittoresque de Fontanarose.

Le barbier *Chino*, comme disent les Tagals, est un véritable artiste, soit qu'il s'installe en plein air, soit qu'il opère dans sa boutique, sur la tête de ses pareils ou des Indiens, le plus horrifique des nettoyages. Ce personnage génial trouve le moyen de raser les joues les plus glabres, et l'Indien croit que c'est arrivé, il paye, volé, moqué et content.

Là ne se borne pas le talent de *El Chino*, il est le nettoyeur par excellence; yeux, oreilles, nez, tout y passe, les petits bâtons vont et viennent, rentrent et sortent avec une rapidité de mouvements

(1) Sorbets au citron.

vertigineuse... En livrant des organes aussi délicats à ces étonnants praticiens, — qu'il abhorre du reste, — le Tagal montre un véritable courage.

De jeunes *pollos* frais remis à neuf se pavanent, rient, chantent avec les *daragas* (1), dans la suprême joie du farniente... Quelques pesetas sonnent dans la poche de ces messieurs, ils prolongeront longtemps la fête, ne retourneront au travail qu'à la disparition du dernier cuarto... Et il en est ainsi pour l'Indien pendant les trois quarts de l'année, et c'est le Chinois qui peine horriblement, mais s'enrichit.

Justement, autour de la place, un Céleste va, l'air altier, la tête haute, personnage de marque évidemment, dont la queue *authentique*, sans l'adjutorium ordinaire des cordons de soie, traîne de vingt-cinq centimètres sur le sol; encore que cet homme soit petit, c'est déjà joli. Inutile d'essayer de la séduction des piastres pour obtenir d'un aussi majestueux señor un léger échantillon de cette richesse capillaire; John Chinaman, peu touché du zèle que nous sommes prêts à déployer pour enrichir nos musées ethnographiques, se refuserait certainement à céder la moindre parcelle de cet incomparable appendice.

Nous sommes plus heureux, non sans difficulté, avec une jeune Indienne en train de sécher au soleil son opulente chevelure. Après mille supplications, — la femme tagale se figure que ces mèches, assez souvent sollicitées par les voyageurs, servent à des incantations démoniaques, — nous obtenons une tresse mince, toute mince, mais dont la longueur fantastique mesure $1^{m},70$.

V

Midi : la place si vivante naguère se fait morne; c'est l'heure de sommeil stupéfiant, où tout, dans la nature tropicale, semble s'évanouir en une paix de monde endormi.

A tous les coins du *zaguan* (2), du *pàtio*, sur les terrasses, *muchachos* et *muchachas* (3) déroulent leur *pétaté* (4), s'endorment, le visage et les mains abrités des moustiques par une étoffe légère; décidément ces moustiques dévorants, insatiables, sont la calamité des calamités aux Philippines.

Vers quatre heures, alors que la rage du soleil commence à s'apaiser, nous nous rendons chez M. le Gobernadorcillo, qui nous offre le très curieux spectacle d'une smalah de négritos aborigènes auxquels nous trouvons une certaine ressemblance avec

(1) Jeune fille.
(2) Vestibule donnant sur la rue.
(3) Domestiques.
(4) Nattes.

les petits nègres africains. Cette race craintive et douce, réfugiée depuis des siècles dans les montagnes de l'intérieur, ne vit que du produit de sa chasse.

Ceux-ci n'ont été amenés que très difficilement à Paco. Dès demain ils se rendront à Manille, chez les Dominicains, pour y recevoir le baptême, après avoir toutefois procédé à un changement de toilette qui s'impose. Pour le moment, leur costume est des plus sommaires, un précaire langouti constituant toute leur garde-robe.

Cependant, ne soyons pas ingrats, reconnaissons que le chef

TAGALS BLANCHISSEURS.

a fait, à notre intention, des frais de toilette, et c'est inénarrable!... A cru, sur sa peau suiffeuse, un frac triomphal, un frac, un vrai frac européen dont les ailes battent piteusement les chairs nues. La tête laineuse se couronne glorieusement d'un chapeau haute forme que de temps en temps notre homme retire pour le brosser soigneusement.. à rebrousse poil; il faut que ce poil se relève, il y tient, ce brave sauvage... Où l'inaliénable vanité humaine va-t-elle se nicher! Des jarretières de poil de sanglier ornées de perles et de coquillages complètent la splendeur de cet accoutrement plutôt fantaisiste.

Les membres sont grêles; le ventre proéminent, bombé, semble se révolter sous la coupure brusque de l'habit; la face est simiesque.

Les vieilles femmes nous paraissent encore plus phénoménales de laideur; un petit jupon de quarante centimètres remplace le langouti, le buste est d'une maigreur pénible, les cheveux de laine sont ramenés sur le front en broussaille inculte.

PRISONNIERS ET GUARDIAS CIVILES.

Ces pauvres diables, mis en très vive gaieté par une abondante distribution de vin de Champagne, de colliers de verre et surtout d'assiettes, — la possession de cet ustensile est leur plus vive ambition, — consentent à exécuter leur danse nationale, sorte de pyrrhique qu'anime le brandissement belliqueux des arcs et des flèches, le roulement des tambourins et la sauvagerie d'un chant où deux ou trois notes uniques se répètent à l'infini en un mode suraigu.

Ces petits négritos si disgraciés par la nature et dont un peu de champagne tourne si facilement les têtes crépues, possèdent à un degré élevé le sentiment et l'amour de la liberté; ils préfèrent la mort à un esclavage avilissant, qu'eux-mêmes, très différents en cela de certaines tribus de l'archipel, n'imposent jamais.

Il y a là un jeune ménage dont l'union doit être célébrée à nouveau à Manille, selon le rite catholique, et l'on me raconte, à ce propos, comment se pratique chez eux la cérémonie du mariage.

Cela est charmant, d'une réelle poésie.

Le fiancé, galant comme un hidalgo, aide sa belle à monter sur un arbre flexible, après quoi il grimpe lui-même sur un autre arbrisseau aussi proche que possible. La famille, les amis entourent le couple; le patriarche, c'est-à-dire le plus vieux de la tribu, avance solennellement et, saisissant dans ses bras, non sans peine parfois, les troncs souples, rapproche les branches en les balançant, jusqu'à ce que les visages des futurs époux, qui y mettent d'ordinaire toute la bonne volonté possible, se rencontrent... et le mariage est conclu.

Nos négritos, qui nous semblent fort reconnaissants et surtout fort émus, ne voudraient plus nous quitter; on réussit enfin à les faire monter sur le toit de la maison, où ils seront aux premières loges pour assister à la procession.

Des étoffes chinoises, des nattes sont tendues au-dessus de la rue, flottant à tous les balcons, où courent des guirlandes de fleurs; des pétales de jasmin, de *sampaguita*, — une fleur exquise, au parfum rare, dont les femmes se font des colliers, — jonchent le sol.

La procession sort accompagnée de deux musiques, une en tête, une en queue, jouant des airs différents, assez mal choisis du reste pour la circonstance et souvent vieillots. Nous entendons à la fois l'ariette de Clairette de *Madame Angot* et le chant merveilleux *O mon cygne!* dont l'exécution donne aux assistants une idée *assez fausse* de l'œuvre wagnérienne.

Le clergé du village et des villages prochains marche en tête, puis viennent les différents personnages vénérés des fidèles; saints et saintes, représentés par des Indiens affublés de fausses barbes et de perruques; quelques-uns ploient sous le faix d'animaux fabuleux, de serpents, de monstres griffus, aussi tortueux et vilains que notre méridionale tarasque. Nous questionnons, mais nul ne peut nous donner la raison de ces exhibitions singulières.

Même dans les plus humbles villages, les statues de Notre-Seigneur et de la *Virgen santisima* sont revêtues d'habits et d'ornements d'une richesse qui n'est surpassée que par leur mauvais goût. Ce mélange incohérent de clinquant, de dentelle, de fleurs, de satin, drapés, pomponnés autour de corps de mannequins et de faces de poupées grossièrement enluminées, atteint au grotesque. On dirait d'une gageure, tant l'effort semble colossal pour atteindre une laideur aussi absolue.

Et sous les arcs de triomphe faits de palmiers, de bananiers, de talisays, l'immense théorie chatoyante évolue, ondule, va, vient, revient à l'infini pour le plus grand réjouissement des fidèles.

A Manille, les processions déploient une splendeur inouïe. Les effigies, tout aussi barbares d'exécution, étincellent d'or, d'argent, de pierreries : chacune représente un trésor. Le manteau de velours rouge du Christ, celui de la Vierge, lourds de broderies somptueuses, couvrent les brancards, tombent jusqu'à terre. Ainsi qu'on le voit à Séville, la croix du Christ est incrustée d'ornements d'or et curieusement guillochée. Les vêtements sacerdotaux éblouissent, tel ostensoir présenté à la foule vaut un demi-million.

Devant nous, au passage de l'*Ecce Homo*, des femmes s'agenouillent, quelques-unes pleurent.

Les autorités indigènes ferment la marche, le frac par-dessus la chemise flottante; parfois une légère badine à la main gauche, pendant que la droite maintient un cierge énorme.

Il y a vingt ans à peine, à l'heure où s'épandaient dans l'air les volées sonores de l'Angélus, tout mouvement s'arrêtait comme par magie, la ville entière récitait la *Salutation angélique*. Aujourd'hui encore, nulle voiture, fût-ce celle du gouverneur général, vice-roi des Indes espagnoles, ne peut circuler dans les rues de la cité durant les trois derniers jours de la semaine sainte; il n'est fait d'exception, et dans des cas très rares, pressants et dûment constatés, que pour la voiture du médecin ou celle du prêtre portant aux malades les derniers sacrements.

La religion catholique est religion d'Etat aux Philippines comme en Espagne, et toutes les prescriptions du culte extérieur sont observées à ce point que les Anglais protestants qui décèdent à Manille ne peuvent être enterrés ou emmurés dans l'enclos bénit par les prêtres catholiques. Il y aurait là l'équivalent d'une souillure, et les colonies anglaises et allemandes ont leur cimetière à elles, où, quand le cas s'est présenté, elles ont offert l'hospitalité aux suicidés européens catholiques repoussés par l'Église *ipso facto*.

Les Chinois, pour vivre en paix, se font généralement baptiser en arrivant; souvent ils se marient à l'église avec des Indiennes, ils ont des enfants chrétiens, et lorsque leur fortune est faite, ils n'hésitent pas à filer subrepticement à Hong-Kong, abandonnant femme, enfants... et religion.

L'ardente pourpre du ciel s'apaise, l'horizon se teint de vert pâle, les étoiles naissent, des glacis de clartés lunaires tombent sur les feuilles mouvantes, et partout, dans ce village heureux, les maisons s'illuminent, ouvrent grandement, aux hôtes d'un soir, leurs portes hospitalières. Des notes de guitare s'envolent, pleurantes et tendres, des flûtes de bambou gémissent, des castagnettes claquent, un piano même fait sa partie.

La fête bat son plein autour des tables chargées de victuailles, de lumières, de fleurs, vrai festin du pays de cocagne; dans la salle de bal on étouffe, les visages rayonnent, les yeux étincellent; c'est une furia de plaisir.

Autrefois, tant à Manille que dans les grandes villes de province, pas de jour où l'on ne comptât quelques bals, quelques concerts, quelque fête religieuse ou populaire; l'existence y était endiablée..... Aujourd'hui!..... Pauvres petits Tagals, métis, fils du pays, êtres de douceur et patience, âmes fermées, mystérieuses qui, tout récemment, se dévoilèrent héroïques, que fera de vous la convoitise des civilisés?... L'Espagnol opprime. Bien autrement terrible, l'Américain fait disparaître les races, les détruit.

A. DE GÉRIOLLES.

INDIENS TAGALS AU MARCHÉ.

www.ingramcontent.com/pod-product-compliance
Ingram Content Group UK Ltd.
Pitfield, Milton Keynes, MK11 3LW, UK
UKHW012125240726
13965UKWH00005B/1982